Математика для двомовних дітей

Math for Bilingual Kids

Ukrainian - English Book
by Svetlana Bagdasaryan

нуль	0	zero
один	1	one
два	2	two
три	3	three
чотири	4	four
п'ять	5	five
шість	6	six
сім	7	seven
вісім	8	eight
дев'ять	9	nine
десять	10	ten

одинадцять	11	eleven
дванадцять	12	twelve
тринадцять	13	thirteen
чотирнадцять	14	fourteen
п'ятнадцять	15	fifteen
шістнадцять	16	sixteen
сімнадцять	17	seventeen
вісімнадцять	18	eighteen
дев'ятнадцять	19	nineteen
двадцять	20	twenty

десять	10	ten
двадцять	20	twenty
тридцять	30	thirty
сорок	40	forty
п'ятдесят	50	fifty
шістдесят	60	sixty
сімдесят	70	seventy
вісімдесят	80	eighty
дев'яносто	90	ninety
сто	100	one hundred

двісті	200	two hundred
триста	300	three hundred
чотириста	400	four hundred
п'ятсот	500	five hundred
шістсот	600	six hundred
сімсот	700	seven hundred
вісімсот	800	eight hundred
дев'ятсот	900	nine hundred
тисяча	1000	one thousand
дві тисячі	2000	two thousand
три тисячі	3000	three thousand

тридцять два	32	thirty-two
шістдесят вісім	68	sixty-eight
шістдесят два	62	sixty-two
двадцять шість	26	twenty-six
п'ятдесят чотири	54	fifty-four
дев'яносто три	93	ninety-three
сімдесят сім	77	seventy-seven
вісімдесят один	81	eighty-one
сорок п'ять	45	forty-five
двадцять дев'ять	29	twenty-nine

триста тридцять два	332	three hundred thirty-two
дві тисячі сто	2100	two thousand one hundred
сто двадцять чотири	124	one hundred twenty-four
п'ятсот п'ятнадцять	515	five hundred fifteen
двісті двадцять	220	two hundred twenty
п'ятсот одинадцять	511	five hundred eleven
сімсот сорок один	741	seven hundred forty-one
тисяча вісімдесят	1080	one thousand eighty
дві тисячі сорок три	2043	two thousand forty-three
п'ять тисяч сорок три	5043	five thousand forty-three

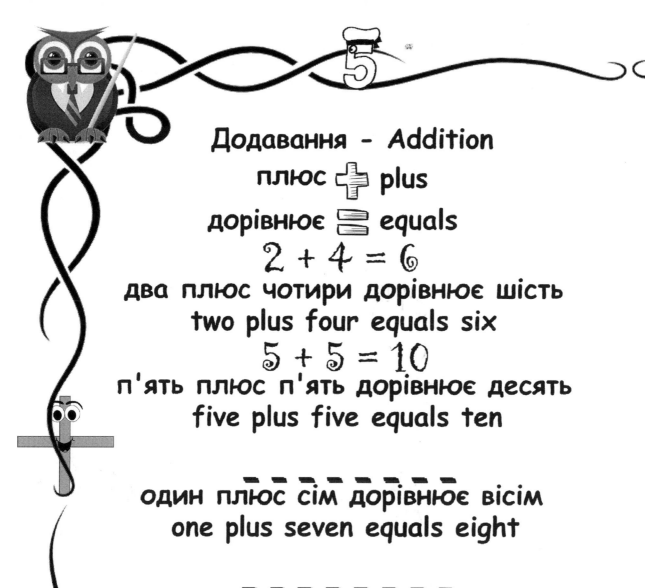

Додавання - Addition

плюс ✚ plus

дорівнює ⚌ equals

$$2 + 4 = 6$$

два плюс чотири дорівнює шість

two plus four equals six

$$5 + 5 = 10$$

п'ять плюс п'ять дорівнює десять

five plus five equals ten

один плюс сім дорівнює вісім

one plus seven equals eight

три плюс два дорівнює п'ять

three plus two equals five

шість плюс п'ять дорівнює одинадцять
six plus five equals eleven

десять плюс сім дорівнює сімнадцять
ten plus seven equals seventeen

вісім плюс п'ять дорівнює тринадцять
eight plus five equals thirteen

дев'ять плюс сім дорівнює шістнадцять
nine plus seven equals sixteen

десять плюс два дорівнює дванадцять
ten plus two equals twelve

9

Віднімання - Subtraction

мінус 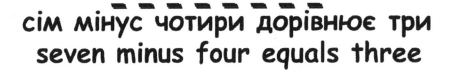 minus

$$8 - 5 = 3$$

вісім мінус п'ять дорівнює три

eight minus five equals three

$$10 - 1 = 9$$

десять мінус один дорівнює дев'ять

ten minus one equals nine

сім мінус чотири дорівнює три

seven minus four equals three

шість мінус шість дорівнює нуль

six minus six equals zero

десять мінус чотири дорівнює шість
ten minus four equals six

дванадцять мінус три дорівнює дев'ять
twelve minus three equals nine

тринадцять мінус шість дорівнює сім
thirteen minus six equals seven

двадцять мінус десять дорівнює десять
twenty minus ten equals ten

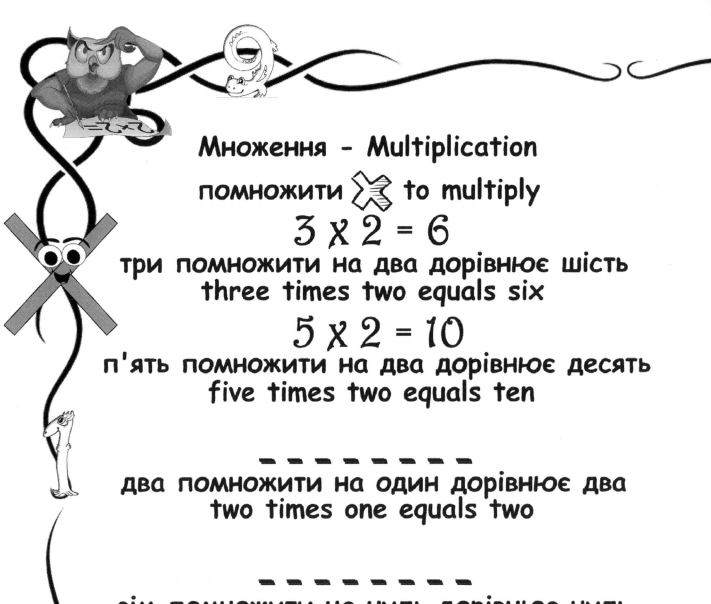

Множення - Multiplication

помножити ✖ to multiply

$$3 \times 2 = 6$$

три помножити на два дорівнює шість
three times two equals six

$$5 \times 2 = 10$$

п'ять помножити на два дорівнює десять
five times two equals ten

- - - - - - - - -

два помножити на один дорівнює два
two times one equals two

- - - - - - - - -

сім помножити на нуль дорівнює нуль
seven times zero equals zero

десять помножити на два дорівнює двадцять
ten times two equals twenty

п'ять помножити на три дорівнює п'ятнадцять
five times three equals fifteen

сорок помножити на один дорівнює сорок
forty times one equals forty

шість помножити на п'ять дорівнює тридцять
six times five equals thirty

Ділення - Division

поділити 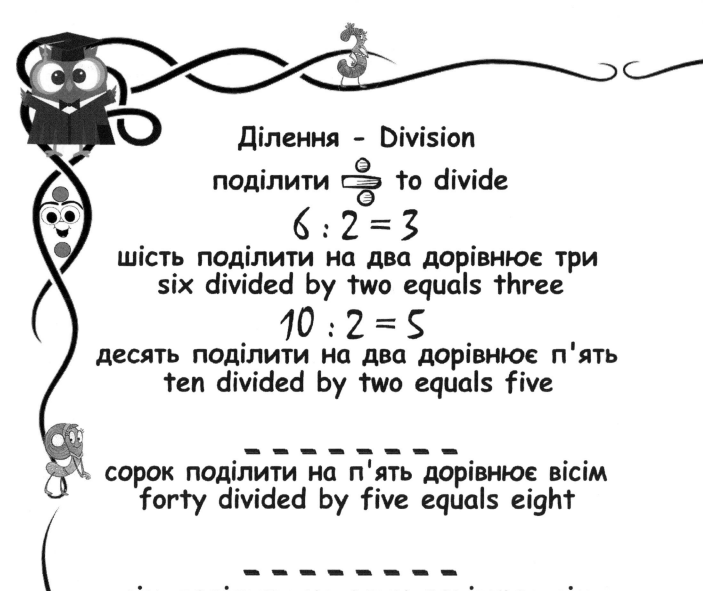 to divide

$$6 : 2 = 3$$

шість поділити на два дорівнює три

six divided by two equals three

$$10 : 2 = 5$$

десять поділити на два дорівнює п'ять

ten divided by two equals five

- - - - - - - - - - -

сорок поділити на п'ять дорівнює вісім

forty divided by five equals eight

- - - - - - - - - - -

сім поділити на один дорівнює сім

seven divided by one equals seven

вісім поділити на чотири дорівнює два
eight divided by four equals two

дев'ять поділити на три дорівнює три
nine divided by three equals three

двісті поділити на сто дорівнює два
two hundred divided by one hundred equals two

сто поділити на десять дорівнює десять
one hundred divided by ten equals ten

Геометричні фігури - Shapes

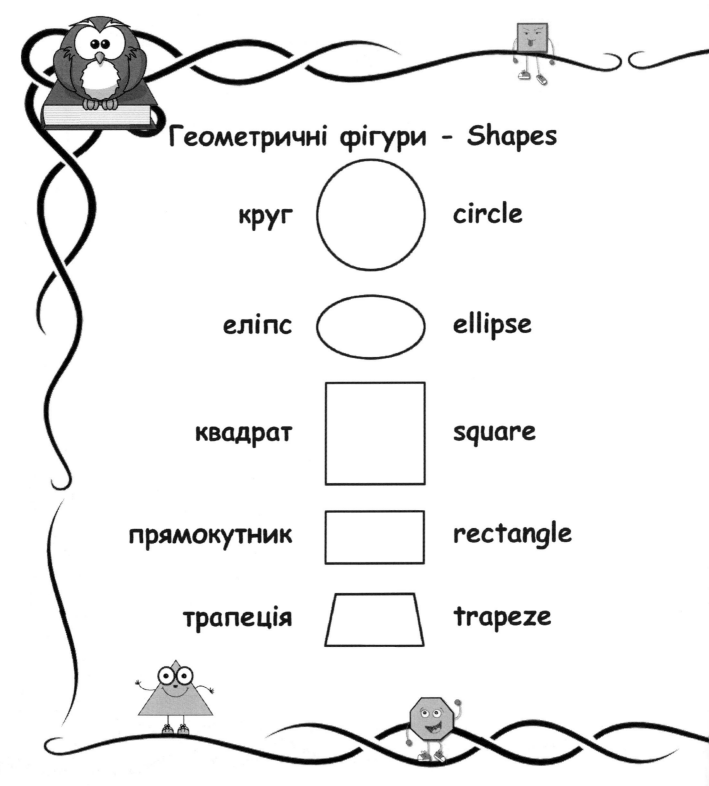

круг — circle

еліпс — ellipse

квадрат — square

прямокутник — rectangle

трапеція — trapeze

трикутник   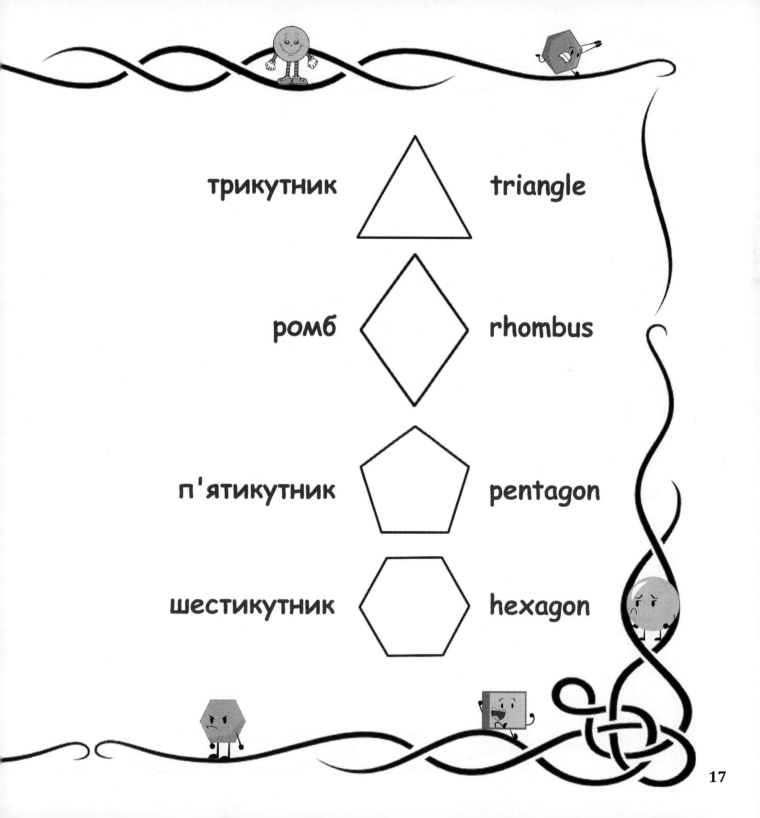   triangle

ромб   rhombus

п'ятикутник   pentagon

шестикутник   hexagon

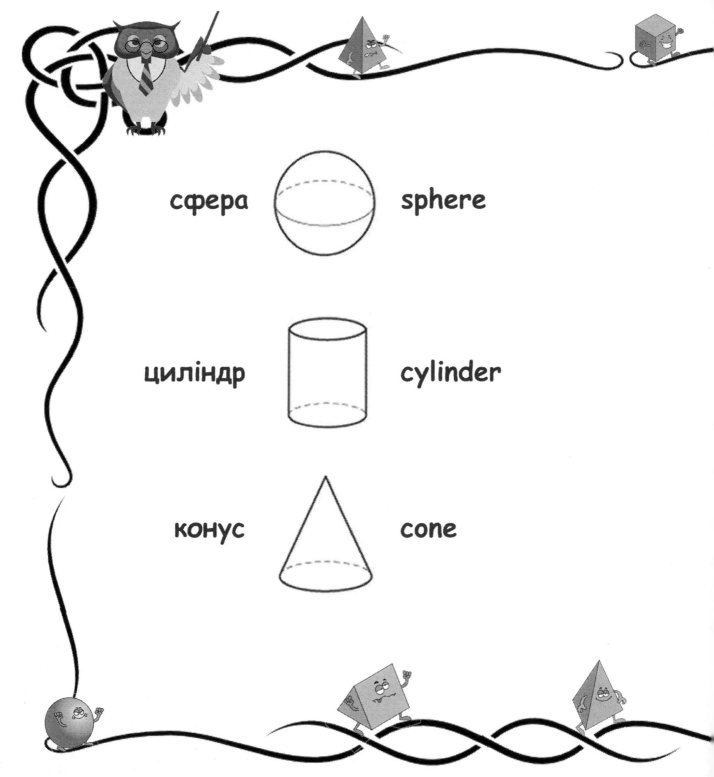

сфера sphere

циліндр cylinder

конус cone

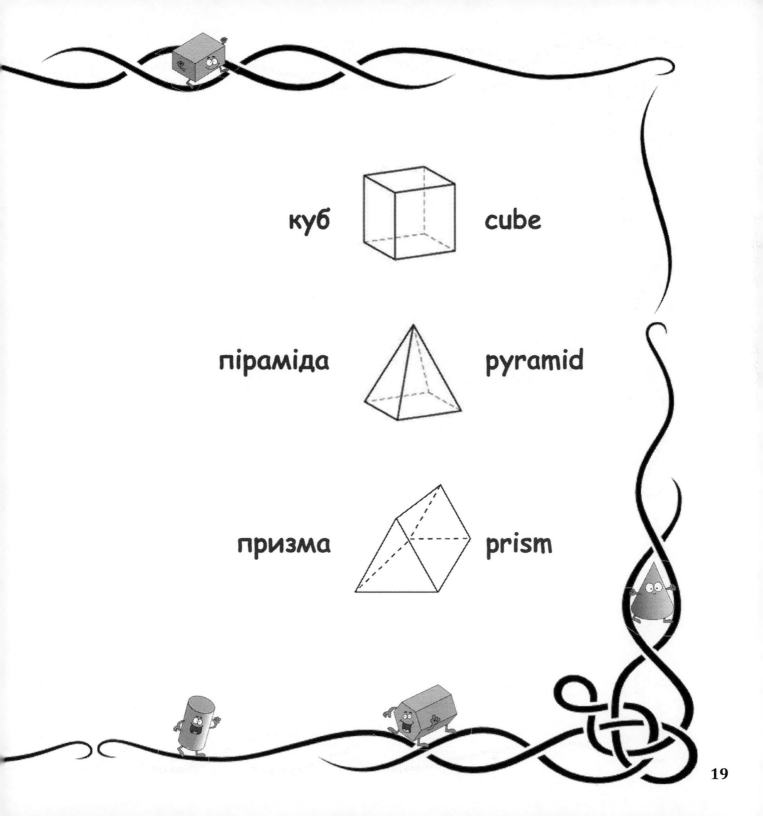

куб   cube

піраміда   pyramid

призма   prism

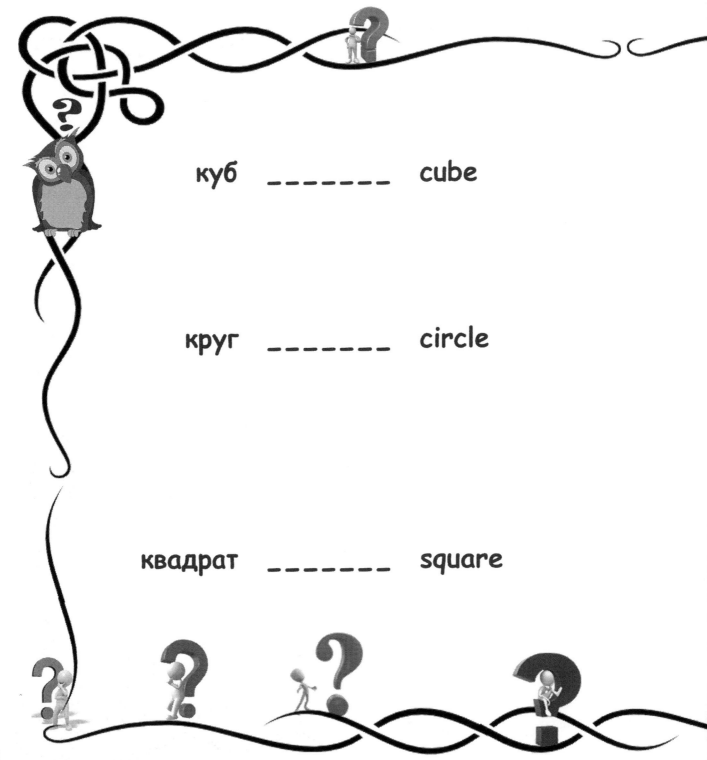

куб _ _ _ _ _ _ _ _ cube

круг _ _ _ _ _ _ _ _ circle

квадрат _ _ _ _ _ _ _ _ square

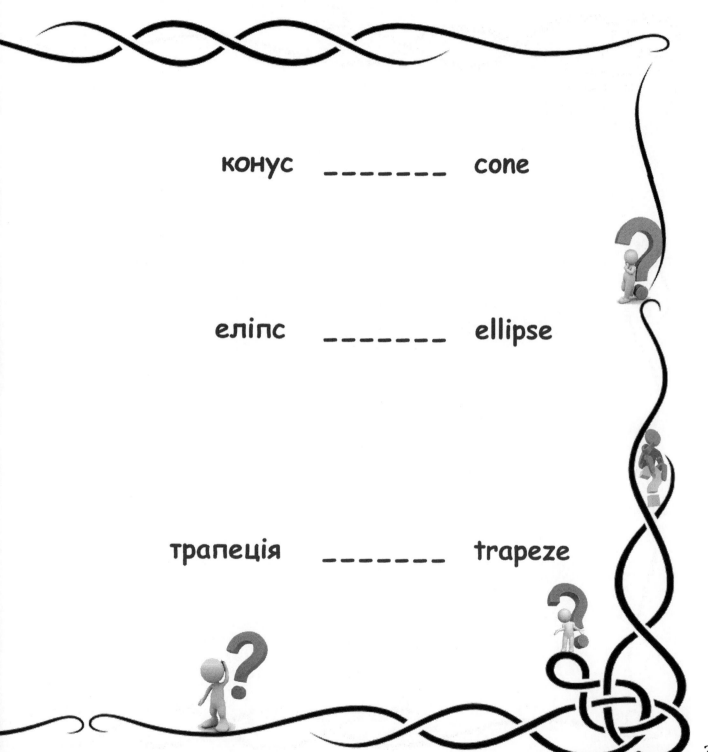

конус _____ cone

еліпс _____ ellipse

трапеція _____ trapeze

По горизонталі

1. Сто помножити на десять
2. Двадцять плюс десять
3. Сімнадцять мінус чотири
4. Сорок поділити на десять

По вертикалі

5. Сто тридцять мінус тридцять
6. Вісім поділити на два
7. Чотири помножити на п'ять
8. Два плюс один

Across

1. Thirty times three
2. Twenty minus two
3. Ten plus three
4. Thirty two divided by four

Down

5. Ten minus nine
6. Five times four
7. Thirty seven minus seven
8. Twenty divided by two

+2+73-35

Printed in Great Britain
by Amazon

85736872R00016